元自衛官が本気で反対する理由

安保法反対 20人の声

しんぶん赤旗日曜版編集部 編

新日本出版社

はじめに

安倍政権が強引に進める安保法制（戦争法）を自衛官はどう見ているか――。高級幹部らの「歓迎」の声とは異なり、現役隊員の生の声は、厳しい統制のもとでほとんど聞こえてきません。しかし、現役隊員や家族の取材を重ねると、第一線では困惑や不安、批判が深く渦巻いている状況が見えてきます。

そうした現場の思いを代弁するようにいま、安保法制の危うさを集会などで告発している元自衛官の方々がいます。本書はこうした元自衛官20人の思いをまとめたものです。

登場するのは、日本共産党の「しんぶん赤旗」のインタビューに応じ、実名公表を承諾していただいた方々です。本書で初めてインタビューした2人もふくまれています。インタビューは集団的自衛権行使容認閣議決定（2014年7月1日）前の同年5月が最初で、その後の法案提出、国会での強行採決、法施行、南スーダンＰＫＯ（国連平和維持活動）派兵部隊への新任務付与と約2年半にわたって節目節目《ふしめ》に掲載してきました。これほど元自衛官が相次いで登場して発言したことは、「しんぶん赤旗」の歴史でも初めてです。

元自衛官の中には日本共産党地方議員・候補もいますが、大多数の方は「しんぶん赤旗」の取材を受けるのは「初めて」でした。

それぞれの元自衛官の思いは読んでいただくとして、取材する私たちがとりわけ強く感じたことがあります。

それは自衛隊という組織に身を置いたからこそわかる、殺し殺される戦争の恐ろしさであり、これまで歴代政権が憲法9条違反としてきた外国での戦争に後輩が派遣されることがどうしても許せないという強い思いです。

暴走する安倍政権の戦争法による憲法破壊を許さない。自衛官を戦地に派兵するな――。これこそ国民共通の願いではないでしょうか。

◇

「しんぶん赤旗」掲載記事を本書に収録するにあたり、了解をいただいたうえで、再取材もふくめ、一定の加筆・修正をおこないました。さらに、①現役隊員の家族へのインタビュー、②「駆け付け警護」「宿営地の共同防護」など、戦争法の新任務を付与された南スーダン派兵部隊、陸上自衛隊第9師団司令部がある青森県内ルポも収録しました。なお登場する元自衛官の方の年齢は2016年12月1日現在のものです。

2016年12月　　　　担当デスク・松宮敏樹、取材・前田泰孝

目次

⑪　田村公右さん　元陸上自衛隊士長（和歌山）　46
⑫　団野克己さん　元海上自衛隊2曹（佐賀、元佐賀県弁護士会会長）　49
⑬　泥　憲和さん　元陸上自衛隊3曹（兵庫）　53
⑭　西川末則さん　元海上自衛隊曹長（長崎）　57
⑮　橋本浩三さん　元陸上自衛隊1士（愛知、日本共産党一宮市議）　60
⑯　長谷正信さん　元航空自衛隊1尉（鳥取、元境港市議会議長）　64
⑰　福島尚美さん　元陸上自衛隊士長（佐賀、日本共産党唐津市議候補）　67
⑱　牧　正明さん　元陸上自衛隊准尉（兵庫）　70
⑲　湯本知文さん　元陸上自衛隊3曹（滋賀）　73
⑳　吉田水哉さん　元陸上自衛隊2佐（熊本、住職）　76

家族の思い
富山正樹さん　自衛官の父（福岡）　80

駆け付け警護が強いる家族の痛み――青森ルポ　83

おわりに　91

元自衛官の声

①井筒《いづつ》高雄さん(47)

元陸上自衛隊3曹（東京、元レンジャー）

死ぬことのリアリティーがなさ過ぎる

私は、1988年に自衛隊に入りました。レンジャー訓練教育を受け、実戦訓練が始まるさいは最初に遺書を書かされました。遊撃戦をおこなうレンジャー訓練は、小人数で隠密行動し、不眠不休で与えられた任務のため山中をさまよいます。空腹をいやすために蛇をさばいて食べますし、幻聴や幻覚にさいなまれながらの訓練で、死は身近にありました。

その自衛隊を私が93年にやめたのは、カンボジアに派兵するPKO（国連平和維持活動）法が成立してからでした。日本が攻撃されたら戦います。でも日本の防衛と関係のない軍事行動で死ぬなんて犬死にだと思ったからです。

今、安倍内閣が戦争法でやろうとしていることはカンボジアPKOどころではありません。南スーダンのPKOでは、「駆け付け警護」や「宿営地の共同防護」などの任務です。「駆け付け警護」に参加すれば武力で制圧する必要があります。

現地では政府軍もPKO部隊を攻撃するし、命令も行き届いていない。誰が政府軍か反政府軍かも判断できず、しかもフル武装しています。そもそも「駆け付け警護」は劣勢の状況のなかで救出に行くもので、銃撃戦になるのは当たり前です。自衛隊はただ人を助けに行くというのではなく、人を殺し、あるいは殺される場所に行くのです。

訓練する井筒高雄さん（井筒さん提供）

政府は、南スーダンにはＰＫＯ参加５原則の「停戦合意」があり、「戦闘」は起きていないという前提で自衛隊を派遣しますが、これは国民をだます策、いわば詐欺ですよ。

「戦闘ではなく衝突」だと言い換えるような政治のごまかしで、すべてをしわ寄せされる現場の自衛隊員は、表現しようがないほど気の毒な立場です。元自衛隊員として「ふざけるな、政治」と言いたい。

戦争法に盛り込まれた集団的自衛権行使の容認や、地球のどこでも行って米軍への「後方支援」などをおこなうようになれば事態はさらに深刻です。

安倍首相は、戦争法で「リスクは増えない」「安全な場所で活動する」などと言いますが、それはありえません。「後方支援」とごまかしていても自衛隊が実際にやるのは、戦闘地域にまで武器弾薬などを米軍に運ぶ兵站《へいたん》活動です。敵はその兵站を一番に狙う。弱い部隊を攻撃するのが軍事の常識です。自衛隊は攻撃に即反撃しないと死ぬだけです。そもそも戦争に前方も後方もありません。これは軍事常識です。もちろん、戦闘地域と非戦闘地域もありません。

問題は自衛隊員の生命だけではすみません。

国民全体が覚悟をせまられます。国民は戦争で人を殺すことを受け入れるのですか。心を病んだ帰還兵を社会はどう迎えますか。そして日本を狙ったテロ、海外の邦人が攻撃対象となる危険もあります。

戦争できる国にするなら防衛予算は5兆円ではまったく足りません。米国はイージス艦が84隻。それに比べて日本は6隻。隊員も足りない。消費税はとても10％ですまない。

自衛隊は危険だからと、隊員のなり手が減れば、次は一般国民が動員されます。軍は、お金と時間をかけて養成した職業軍人は温存します。その一方、作戦で死ぬ人、〝捨て駒〟になる人が何％いるかを常に計算しています。米国のように、民間軍事会社の出現も予想できます。

私が２０１４年5月に、「赤旗」日曜版に初めて出てから、講演や取材の依頼などが相次ぎました。私が話して驚かれるのは軍隊と戦争、死ぬことのリアリティーのなさです。安倍政権が戦争法の危険性を隠しているので国民はまだ実感がわかないでしょう。しかし、元自衛隊員である私は、戦争法で自衛隊が海外での米軍の戦争に参戦する、戦争当事者になるということの意味がよくわかります。「自衛隊にそんなことをさせるとは夢にも思わなかった」となっては遅いのです。

自衛隊は専守防衛で災害救援・人道復興支援に限るべきです。絶対に海外で戦闘行動はやらない――。憲法9条のもと安倍政権の前までは、それが自衛隊だと国民は受け止めてきました。

しかし、安倍内閣は勝手に憲法解釈を変えて戦争法を通し、自衛隊と国の在り方を変えました。南スーダンPKOの実戦任務で自衛隊を、国民を戦争に「慣れさせよう」ともくろんでいます。さらに憲法そのものまで変えようとしています。そんな道を進んでもいいのですか。それより今の憲法9条をしっかり守り、外交で平和な環境をつくった方がいいと思いませんか。

安倍暴走政権とたたかう野党を応援してください。私はいま、〝ぶれないが柔軟〟な姿勢をとる日本共産党に期待しています。野党共闘が「野合」なんてとんでもない。戦後続いた海外で戦争しない国を守るために市民と野党が手をつなぐのは当たり前です。自衛隊員の命を脅かしているのは安倍政権です。

②井上圭一《けいいち》さん(54)

元陸上自衛隊3曹（茨城、日本共産党土浦市議）

派兵先は
殺し殺される戦地

私は1981年から9年間、陸上自衛隊霞《かすみ》ケ浦《がうら》駐屯地（土浦市）にいました。自衛隊に入ったのは、国民のために専守防衛と災害派遣で活躍できることに魅力を感じたからです。自衛隊の募集担当者も、〝いざというとき日本を守るため〟と、「専守防衛」を必ず強調していました。

入隊後、教育を受けて、配属されたのは、野整備《やせいび》、つまり、野外で装備を整備する任務です。自衛隊は、整備、補給、事務を業務とする部隊と、外に出てたたかう部隊に分かれています。この中間が野整備の部隊です。

最前線でたたかう部隊に直結して、前線に出て、野外で装備品の補給、整備、回収などを担当するのです。

今度の戦争法では、自衛隊が海外のどこでも、戦闘する米軍に補給などをおこなえる仕組みをつくりました。安倍首相は、自衛隊の補給は「後方支援」だから「戦争しに行くのではない」「戦闘現場には行かず戦闘が始まったら活動を休止する」などと説明します。この説明は国民を欺くものです。

戦闘では前線と後方支援はまさに一体。これは軍事常識です。私の部隊がまさにその役割で、戦闘部隊と一体で訓練してきました。

「後方支援だから」とごまかしても敵には通用しないし、戦闘現場になったから「活動休止」なんてできるわけがない。応戦して殺し殺される現場になるのは目に見えています。いったん戦闘になったら、報復の連鎖ですよ。いまのイラクやアフガニスタン、イスラエルなどの状況を見たらわかるはずです。

私は、米軍との合同演習のさい、米兵から戦場で何人殺したという自慢話を聞かされました。戦場では人殺しが成果になるんです。

だから私は現役のころから、自衛隊が戦争せずにすみ、日本の平和が保たれたのは憲法9条のおかげだと思っていました。歴代首相はずっと9条があるからこれ以上はできないと言い続けてきたからです。しかし、安倍首相が戦争法を強行したことで、自衛隊は変わってしまいます。

私は自衛隊の同期や後輩、現役の隊員と今でも話す機会がありますが、「専守防衛」の歯止めが外れたことで自衛隊員とその家族はものすごく不安になっています。

米軍の戦争に行きたくて自衛隊に入る人はいません。今まで自衛隊はあくまで自衛のためであって軍隊ではないと政府も言ってきました。世界はそれを知っていたから、自衛隊員に戦死者はいなかったのです。ある隊員は「おれたちは（戦場で相手を）殺せないだろう」と言っていました。安倍首相は隊員の人生を変えてしまった。

今回、南スーダンに派兵される自衛隊員は「駆け付け警護」などの新任務を与えられることになりました（２０１６年12月12日から実施可能となり、現地には12月15日に全派遣隊員がそろいます）。だけど、現地で「停戦合意」が崩れ、戦闘が続いていることは世界が知っています。それでも防衛大臣が「戦闘」ではなく「衝突」などとウソをついて派兵する。「生きて帰ってきて」という隊員の家族の思いを察すると本当にいたたまれないですね。憲法を無視して派兵する安倍政権が諸悪の根源です。

私は仕事を変えるために自衛隊をやめましたが、その後、２０１０年にたまたま誘われて共産党の演説会に参加しました。そこで共産党が戦前から「戦争反対」を掲げてたたかった唯一の党だと初めて知りました。その党の勢力がもっとあったら、戦争がなかったかもしれない。そんなまともな政党が日本にあった、と気づいたんです。憲法９条を守っていけばいいなという私の思いと一致する党だから入党しました。

日本が世界に広げるべきなのは自衛隊ではなく平和外交です。安倍首相は「国際環境が厳しくなっている」と言いますが、そうならないようにするのが外交ではないですか。かつて侵略したアジア諸国と友好関係を持ち、戦乱地域には民生支援で非軍事の協力を強める。日本政府が戦後70年間、憲法９条を世界に「輸出」する意気込みでやっていたらいま世界の紛争は相当少なくなっていると思います。

③大嶋伸幸《のぶゆき》さん(57)

元陸上自衛隊士長（奈良）

どこでも
いきなり戦闘現場に

私は兵庫県内の駐屯地で施設大隊に配属されていました。施設大隊とは、前線近くで戦闘に必要な橋などの施設をつくる部隊です。

今回、南スーダンPKOに派遣される部隊も施設部隊が中心で、道路建設などをやるといいます。

しかし、施設部隊が活動する場所だからといって安全というわけではありません。実際の戦闘は、政府が言うようにここからは「戦闘現場」などと分けることなどできません。

そもそも、敵はどこから回りこんでくるか分からない。ヘリから敵兵が落下傘で背後に降りてきたら、そこが敵の拠点になってしまう。訓練でも、〝敵は向こう〟と思っていたら急に〝後ろに敵がいるぞ〟と言われる。いきなり戦闘現場になるんです。戦闘では将棋みたいにルールが決まっているわけではない。どこからが絶対安全という線引きはありません。

私は、高校を出てすぐ入隊し、憲法と諸法令を守ると宣誓しました。自分たちから攻撃はしないが、万が一、攻めて来たら守らないといけない、と教育されました。海外に出て行くということは、一切言われなかった。あくまで自分の国を守るための自衛隊です。海外で攻撃する自衛隊にしてはいけない。日本防衛と関係のない戦争で若い隊員が血を流すことには絶対反対です。

米軍の戦争に参加すれば、相手から見れば〝殺人幇助《ほうじょ》〟のようなものです。当然、相手に狙われます。安倍首相は、自衛隊員に〝死も覚悟して行け〟と言うのでしょうか。日本は米国の属国ではありません。

南スーダンで問題になっている「駆け付け警護」にしてもお祭りの警備ではなく、戦闘現場に行くんですよ。攻撃してくる敵を、殺しに行くのです。安倍首相はごまかしてはいけない。

いま自衛隊が直面している最大の危機は、安倍内閣の戦争法です。今までは憲法9条があったから僕らは海外に戦争に行かずにすんだのだと思います。先人たちは、よくあの9条をつくってくれました。

ぼくは共産党と意見が違うところはあるけど、戦争法反対、9条を守る、自衛隊員を守るという点では一致しているし、協力して安倍政権に立ち向かいたい。

安倍首相は共産党の悪口を言う前に、戦争法や改憲で真実を有権者に正直に語り、審判を受けるべきではありませんか。

④小椋達也《おぐらたつや》さん(28)

元陸上自衛隊士長（北海道）

「後方は安全」
なんてごまかし

ぼくは戦車乗りでした。戦車はとにかく目立ちます。敵はどこに隠れているかわからない。イラクやアフガンの戦場のようにテロリストに囲まれたらやっかいです。とくに航空機からの攻撃は一番の脅威です。戦車を使う戦闘部隊と後方の補給部隊の位置を敵に知られ、後方を攻撃されれば弾薬や燃料、食糧の補給がこなくなる。そうなれば、ぼくらはただの鉄の塊です。

戦場には前方でも後方でも安全な場所はありません。「後方支援だから大丈夫」なんて国民をごまかして、この法律を通したのは本当にひどい話です。

ぼくの家は裕福ではなく、父から「安定している」と勧められて自衛隊に入隊しました。ぼくも含め多くの隊員は国を守る気持ちです。日本を攻めてきたら、たたかうと覚悟していました。東日本大震災の救援にも私は隊員として行きました。被災者にご飯をつくり、ご遺体の捜索もした。本当に感謝されました。

しかし、イラク戦争など米国の戦争でたたかいたくはない。そんな戦争の加害者になれば精神的にすごく参ります。かつての同僚には〝行くな〟と言いたい。

自分たちからは決して撃たない、戦争しないのが自衛隊だったはずです。安保法制で自衛隊が海外で戦闘させられることには絶対反対です。

南スーダンに派遣された自衛隊に「駆け付け警護」などの任務を負わせれば、結局、自衛隊が先に武器を使ってもいいということになります。威嚇《いかく》射撃だとしても、いったん戦闘が始まれば撃つか撃たれるか、です。「安全な場所」などありません。

それなのに、安倍首相は「安全だ」「大丈夫だ」と言っている。本当に汚い。このままいくと、何人の犠牲者が出るかわからない。首相は、自衛隊員を使い捨てのように考えているとしか思えません。自衛隊員の気持ちを安倍首相は一体どう考えているのでしょうか。

自衛隊員にも家族がいます。人生があります。最高指揮官である総理大臣が隊員をただの〝歩兵〟としか見てないのだとすると、すごくがっかりします。

隊員の命を危険に
さらす安倍政権

⑤加藤好美《よしみ》さん(64)

元陸上自衛隊1尉（群馬）

私は青森県の農家の出身で7人兄弟です。過疎地の青森では、自衛隊が数少ない就職先のひとつで、入隊率も非常に高い地域です。

私は高校卒業後、1971年に入隊し、最初は出身地の青森駐屯地、その後、関東の駐屯地を回りました。私のなかでは自衛隊は平和憲法の理念のもとで国を守る専守防衛であるべきだという考えを持ち続けています。

私が部隊長の時、部下と面談し、PKOへの参加希望の有無を確認したことがあります。当時はまだ〝非戦闘地域〟への派遣でしたが、誰一人希望する人はいませんでした。

私も行かせたくなかった。「もし命を落としでもしたらどう責任を取ればいいか」と悩みました。そのときは〝適任者なし〟と、上に報告するとそれ以上、追求されませんでした。

今回の南スーダンPKOへの派遣は故郷の青森の部隊が中心ですが、現地は完全に紛争地です。どこから攻撃されるかわからない。隊員は誰一人として、日本の国土防衛ならいざ知らず、他国に行って、命を落とすことを望んでいません。家族も「行ってほしくない」と思っているに違いありません。

しかも「駆け付け警護」などの危険な新任務です。戦闘に巻き込まれるリスクがとても高くなりました。これでは、若い人が自衛隊に入り、継続することが難しくなってしまいます。

安保法では米軍の戦争に参加する集団的自衛権の行使も認めました。ＰＫＯなら希望を聞かれ、拒否はできます。しかし、集団的自衛権行使で防衛出動命令が下されれば命令ですから拒否できない。命令違反になります。

日本が攻撃された場合ではないのに、米国の戦争で隊員の生命が犠牲になります。そんな自衛隊になれば、志願制の自衛隊が維持できるのか。私はいずれ、徴兵制も考えられることになると懸念しています。

私は弁護士や学者たちとともに対米追随ではなく、平和憲法の理念と「専守防衛」を守るため、安保法に反対し運動を続けていきます。

米国に追随して戦争への道を進む安倍政権をストップさせないと、自衛隊員はますます危険な任務をせまられます。隊員の命を危険にさらす安倍政権を倒すために野党が固く結束してたたかってほしい。

⑥河野光伸《こうのみつのぶ》さん⑷⑻

元陸上自衛隊士長（三重）

戦闘に巻き込まれてゆく危険が一番怖い

安保法制で「駆け付け警護」などの新任務を与えられた陸上自衛隊第9師団の派遣部隊は、施設部隊が中心です。

私も、1986年に入隊して、施設部隊で道や橋をつくったり、対戦車壕を構築したりしていました。施設部隊は、戦闘部隊ではなく、いわゆる後方支援の部隊です。

政府はよく「後方支援だから戦闘現場にいかない」「安全だ」などと言いますが、その意味がわかりませんね。

後方支援であっても、相手が狙ってきたら終わりです。作戦で重要なのは補給を断つこと。最前線も危ないけど、後方も危ない。道路をつくる、空港をつくるという部隊はすべて狙われます。安全でないのに安全だと言うのが一番おかしいと思います。

施設部隊は後方支援だけど、一番最初に入るので、そこが前線だったりします。しかも、戦闘力は低い。武器は各自、小銃しか持っていません。戦車も大砲もない。実際にたたかえば一番弱いでしょう。今回、南スーダンに行く前、付け焼刃で訓練をしたけど、いざとなればどれだけ役に立つのか、疑問ですね。

その施設部隊に「駆け付け警護」のような攻撃をされているところに行く危険な任務は無理だから、そこには戦闘ができる普通科の部隊を行かせるのかもしれません。そうなると、戦闘がエスカレートする危険があり、どんどん巻き込まれていく。それが一番怖いですよね。

家族は心配ですよ。僕の子どもだったら「行くな」と言います。

私が腹立たしいのは、安倍首相は、「危ない」とは言わずに、本当の危険は伏せておいて、無理やり押し通すことです。結局、外国にいい顔をして、隊員、国民の命は軽んじている。

私は、震災とかに自衛隊の能力を発揮してほしい。軍事力はそんなに強化しなくていいし、まして海外での戦闘に加わってほしくはありません。憲法9条は軍事化の歯止めです。そこを壊すと、それこそ自衛隊は軍隊化してしまう。だから私は9条を変えるのは反対です。

⑦坂本龍虹《りゅうこう》さん(82)

元航空自衛隊将補（熊本）

イラク派遣でも、自殺者リスク隠す政府

最初に言っておきますが、私は特定の思想信条からではなく、無党派で、是々非々の立場で動いている人間です。自衛官退官以降は、「負の遺産」を残さないために、課題が出てきた場合には、傍観者であってはいかん、必ず自分の意見を持って行動しようと、自分に言い聞かせています。

南スーダンに派遣される現役の自衛官やその家族は厳しい立場に置かれて自己表現できません。そのできない分をOBである私や、一般国民がやらなければいけないと思っています。

私は1957年に大学卒業と同時に航空自衛隊に入りました。幹部候補生学校を経て、戦闘機操縦の訓練をうけました。F86Fという戦闘機を操縦し、ソ連機（当時）へのスクランブルから始まって、最後は、石川県の小松基地で飛行隊長をしました。

そのとき一番気になったのは武器使用でした。主としてソ連機の領空侵犯にたいして国際法規に基づいていろんな警告をします。それでもだめなときは2千フィート前方に警告射撃することになっていました。警告射撃でだめならどうするか。そこから先は「撃ち落とせ」とはなっていません。自衛隊の武器使用は刑法でいう「正当防衛」「緊急避難」に限定されています。それに当てはまるかどうかは現場の判断です。つまり、法的根拠は与えられていません。これは個別的自衛権の問題ですが、それでも現場は厳しい立場に立たされる。

私は、個別的自衛権で自衛隊が専守防衛をすることに賛成です。しかし、今回の安保関連法については、とりわけ集団的自衛権の行使容認や、ＰＫＯでの「駆け付け警護」などの任務拡大などに強く反対しています。さらに言えば、安保関連法そのものが国民的コンセンサスを得られていないことが一番気になります。

歴代政府は、日本が攻撃されていないのに米国などの戦争に日本が参加する集団的自衛権行使を「憲法違反」としてきました。しかし安倍政権は憲法解釈を変更して、集団的自衛権行使を容認してしまった。その根拠を、最高裁の「砂川判決」などで説明していますが、説明になっていません。米軍駐留について判断した砂川裁判では自衛隊の集団的自衛権行使など問題になっていないのですから、とても国民的コンセンサスは得られません。

さらに今回の南スーダンです。現地は内戦が始まり、戦場です。そこで「駆け付け警護」をすれば当然戦闘行為になりうる。

相手への武器使用は「正当防衛」「緊急避難」の枠で認められ、その場合、稲田朋美《ともみ》防衛相は「違法性は阻却される」と言います。しかし、誰がどのようにそれを証明できますか。射撃の判断は、現場の指揮官がやると言いますが、戦場では常に単一の指揮官とは限らず、状況によって分散した場合、それぞれが判断します。大変重い判断の責任は誰が負うのか。私は国民的合意もないまま、現場にそんな責任を負わせることに反対です。しかも、今までは自衛隊は単なる施設隊の作業をしていたのに、「駆け付け警護」をやれば、相手方から見るとまさに軍隊。当然撃ち込んできます。

政府はリスクを隠しています。防衛大臣は南スーダン首都の情勢は「比較的安定している」と言うが、「比較的安定」とはどういう意味ですか。安定しているように見えてもいつ戦場と化すか予測がつかない状態です。そんなのんびりした評価でいいはずがない。

ＰＫＯとは違いますが、私はイラク派遣だって、自衛隊はよく無事に帰ってこれたと思います。それでも帰国後29人ほどが自殺しました。ＰＴＳＤ（心的外傷後ストレス障害）によるものと思われます。ああいう状態で派遣された隊員は精神的にすごいプレッシャーを受けるんです。

イラクの場合は「後方支援だから大丈夫」と言われました。だけど、戦闘になると後方が一番攻撃の目標になりやすい。米軍への「後方支援」でも、自衛隊は「戦闘現場」には行かないし、「状況が悪くなったら、現場指揮官の判断で撤収する」と政府は説明します。そんな言葉遊びをしてはいけない。自衛隊のいる場所はいつでも戦場に変わります。そして防御しながら撤収するのが実は一番難しいんです。

安倍政権は安保法で、いろいろな局面で自衛隊が戦争に参加する状況をつくりました。第二次大戦後の、戦争への反省はどこにいったのか。このままでは同じ轍《てつ》を踏んでしまいます。憲法を大事にすることがいかに大切か、今こそあらためて考えるべきです。私は、集団的自衛権の前に武器使用権限をふくめた個別的自衛権行使による「国土防衛」のあり方を検討し、法制化を急ぐべきだと思います。

まず、安倍政権の暴走にたいして、野党がばらばらではなく、びしっと統一してたたかってほしい。

私は無党派ですが共産党の共闘への姿勢を評価します。いまの日本は「共産党はいや」とか言っている状況ではない。日本の政治がどうあるべきか、もっと真剣に考えてほしい。野党はたがいに引くところは引いて協力してやらないと政治はよくならないと思います。

⑧島袋《しまぶく》恵祐《けいすけ》さん(30)

元陸上自衛隊1士（沖縄）

同期で入隊した 兄の「暴行死」を思うと

私が今も自衛官だったら、上官から「海外派遣に行くか」と言われれば「ノー」とは言えないでしょう。

自衛隊では上官が絶対です。縦社会で、「南スーダンに行けるか」とか言われると、「ノー」とは言えない人間になっていきます。

私自身、入隊してすぐ罵声《ばせい》を浴び、たたかれてもきました。一人がミスすると「連帯責任」で腕立て伏せなどのしごきもおこなわれました。「上の命令は絶対だ」と心と体に覚えさせられる毎日です。

「ノーと言えない自衛官」にとって、安倍首相のような隊員の命を粗末にする最高指揮官を持つことはとても不幸なことです。

私は、高校を出てすぐ陸上自衛隊に入隊しました。先生に大学進学も勧められましたが、家にお金がないことはわかっていました。だから、「免許もとれる」「住む場所もある。食事もでる」と募集の人に言われて、一つの「仕事」として入隊しました。そういう人は多かったと思います。教育後は、航空機をミサイルで迎撃する高射特科群に配属されました。

私も双子の兄の事件がなかったら、自衛隊にそれほど疑問を持たなかったと思います。

兄は私と同期入隊の自衛官でしたが、「テロ対策」としておこなわれた「徒手《としゅ》格闘訓練」の最中に脳挫傷《のうざしょう》を負い、死にました。知らせを聞いて駆けつけると、目をそむけるような兄の姿がありました。顔は二重三重にはれあがり、8ヵ所の脳挫傷出血、ろっ骨骨折もありました。暴行死を疑い、家族とともに真相究明を求めましたが、やっと出てきた資料は、兄の名前まで黒塗りでした。「わが国の安全を害する」からだと言われました。裁判で損害賠償は認められましたが、結局、原因究明はあいまいなままです。これほど隊員の命を軽んじ、粗末に扱うのが自衛隊なのか、と信頼が一気に崩れました。

いま、「駆け付け警護」など新任務を受けて南スーダンに派兵される自衛官と兄の姿がかさなって見えます。南スーダンに出発するとき、家族や子どもが泣いている姿がすごくショックでした。

今回は本当に戦地に行くんです。家族も不安におびえているのに「比較的安全」などと、ごまかしの説明しかしない。国民も隊員もあざむいたうえで派兵して戦死者が出たらどうするのか。再び兄のような犠牲者が出るのではないかと、とても危惧しています。

「安保法反対」は、さまざまな思いで入隊した自衛隊員を守る運動なんだと、私は思っています。

⑨末延隆成《すえのぶたかなり》さん⑸⑷

元陸上自衛隊2曹（北海道）

「遺書」を書かされ、海外に行かされるのかと話題に

私は高校卒業後の1980年、陸上自衛隊に入隊し、2014年1月、北部方面隊第5旅団戦車大隊弾薬補給陸曹を最後に退官しました。

私の職務は、戦闘中の戦闘部隊に弾薬や燃料等を寸刻も切らさずに補給する事でした。安倍政権が言うところの後方支援、すなわち兵站《へいたん》業務です。

戦闘中の部隊が補給のつど、後方に下がっていたら戦線に穴があくので弾薬等の補給は戦場に進出しておこないます。

後方支援という言葉にだまされてはいけません。戦場に前方も後方も安全な所はないのです。現代戦は補給の優劣で勝敗が決まります。まさに「武力行使と一体」そのものです。

安倍総理は、安保法の米軍支援で自衛隊が補給や輸送をしても「戦闘現場」には行かず、その場が危険な状況になれば活動を休止し、即座に撤退すると言います。しかし危険があるときこそ現場には弾薬等の補給が必要です。

戦闘中の米軍は自衛隊だけが撤退することを許すはずがありません。そんなことをすれば、安倍総理が言う日米の信頼関係は霧消するでしょう。「後方支援は安全」と言うのは、自衛隊上層部や政治家のまやかしです。旧日本軍でも「馬鹿な大将、敵より怖い」という言葉がありましたよ。

私は２０１２年12月に、上官から「遺書」を強要され、書かされたことがあります。上層部は「遺書」ではなく、「家族への手紙」と言いましたが、内実は遺書そのものです。いよいよ自衛隊も海外で戦争に行かされるのかなと、隊内でも話題なりました。その後に続いたのが安保法制です。

自衛隊の存在意義はあくまで日本国民の命を守ること、日本にふりかかる火の粉をはらうことにあるのです。

他国に火を付けるような事よりも、防災対策や原発など重要施設のテロ対策警備など、早急に優先してやるべき事があるでしょう。

ただでさえ人手不足なのに安倍政権は何を考えているのか。自衛隊は安倍政権の都合の良い道具ではないし、安倍政権の私兵でもないのです。

安倍政権は身勝手な憲法解釈をおこない、民意を無視し、安保法制を強行採決しました。集団的自衛権の行使を認め、日本が米国の戦争に参戦する「戦争する国」への道を開きました。そうなれば、戦場で自衛隊員が血を流すだけにとどまらず、国内外を問わず相手側のテロや反撃により国民の血と涙が流れる事にもなるでしょう。

安倍政権が自衛隊に「駆け付け警護」などの任務を負わせて派遣する南スーダンは、もはや戦場化しています。そこに武器を持って駆け付ければ、まさに虫けらのように「殺し殺される」結果になります。こんなことをするために入隊した隊員はいません。家族たちも、そして私たちもそんな事を望んではいないのです。安倍政権は人の心の痛みを知るべきです。

ただちに南スーダンから隊員を家族たちのもとに帰すべきです。

日本の憲法9条は世界に誇れる輝ける宝です。日本は平和国家だからこそ他国に信頼されモノが言えるのに、なぜその宝をわざわざ壊そうとするのですか。憲法9条を核とした外交努力をもって、平和を追求するのが日本のあるべき姿です。なぜそれをしないのですか。

日本を亡国の道に進める安倍政権の独裁政治は、野党と市民が力をあわせ、阻止しなければなりません。野党と野党、そして市民の共闘は民主主義そのものです。決して野合などではありません。これが「民意」というものなのです。これをどれだけ発展させるのかが、いま一番大事なことです。

私は安保法制、そして安倍独裁政治に反対します。悪法は国を滅し、人権と命を奪います。良法は国を守り、人権と命を守ります。

余命宣告をされた今、残されたわずかな時間を私は自分の人生の使命として声をあげ、戦い続けます。

「事に臨んでは危険を顧みず、身をもって責務の完遂に務め、もって国民の負託にこたえます」。これは、自衛隊入隊のときの宣誓です。今がその「事」です。国を守るという事はこういう事です。

⑩杉本高浩《たかひろ》さん(51)

元陸上自衛隊2曹（福岡）

現場はまさに殺すか殺されるかの状態

私は陸上自衛隊に約8年いて、「特科」と言われる大砲を撃つ部隊にいました。いわゆる砲兵です。

特科は1個中隊が100人弱で、大砲が4~5門。大砲は5~6キロメートルほど先を狙うので目標は肉眼では見えません。地図や機材で測定して砲の方角や角度を計算します。敵にすれば見えないところから弾が飛んでくる。

逆に、敵の航空機やヘリが特殊部隊を降下させ、背後から私たちを攻撃してくる場合もあります。だから部隊は場所を特定されるのが一番怖い。撃ったら「陣地変換」と言ってどんどん場所を変え、移動していきます。戦闘の場所はどんどん変わります。

戦争法で私が、「ちゃんちゃらおかしい」と思うのは、政府のでたらめな説明です。

今回の戦争法では、海外で自衛隊が米軍への補給や物資の輸送をやることになりました。そのさい「自衛隊は戦闘現場には行かない」と政府は説明します。だけど、いったん戦闘が始まれば、「ここからは戦闘現場」などという線引きはできるはずがない。

自衛隊がいる場所が即「戦闘現場」になりえます。見えないところから大砲などで攻撃されたり、突然テロが起きたりすればまさに「戦闘現場」です。相手はどんな手段でも攻撃できます。

いま問題になっている南スーダンでも、「停戦合意」は崩れ、いつ戦闘が始まるかわからない。自衛隊の宿営地にも弾が飛んでくる恐れは十分あります。まして、今回新しく「駆け付け警護」をやるというなら、敵が銃撃している場所に自衛隊が出かけることになる。

そんな危険な場所で自衛隊は、刑法でいう正当防衛と緊急避難という要件以外で、相手に危害を加えてはいけないことになっています。

自衛隊はまず「やめろ」と警告し、それでもやめない場合は「威嚇射撃」で上に向けて撃つ、それでもやめないなら実際に撃つ――という3段階で対応することになっていますが、そんなことがとっさにできますか。私は無理だと思う。躊躇《ちゅうちょ》していれば撃たれますよ。私は市街地戦闘訓練で、「近接戦闘射撃」という訓練をやったことがありますが、実際は敵がいれば、即、撃つのが基本でした。現場はまさに殺すか殺されるかの状態なんです。

現場を知らない安倍首相は、隊員がどうなろうと責任を取らないでしょう。そのなかで派遣される今の自衛官は本当にかわいそうだと思いますよ。

日本防衛で国土を守るため、というなら自衛官も危険を覚悟する意味がわかります。だけど、わざわざ外国まで行ってなぜ死ぬ危険を冒さないといけないのか、自衛官は納得できないと思います。米国との関係があるから自衛官は海外で血を流せ、と言うのでしょうか。私は許せないですね。

⑪田村公右《こうすけ》さん（60）

元陸上自衛隊士長（和歌山）

安倍首相は国民のための自衛隊を考えていない

私にとっての自衛隊は、あくまで国民のための自衛隊。18歳で入隊し、私の息子も自衛隊でした。

だけど、安倍首相はとても国民のための自衛隊を考えているとは思えません。「停戦合意」が崩れている南スーダンについて、「首都の情勢は比較的落ち着いている」などとごまかして、無理やり自衛隊を派遣しました。そこでもし隊員が亡くなるようなことがあれば、どういう責任をとるつもりなのか。〝偶然起きた事故〟とでも言うのだろうか。その場しのぎのうそをついて逃げるのは本当に許せない。

自衛隊員は命令があれば行かざるをえないけど、それはあくまで日本を守るための任務であるべきです。領土を侵略されるとか、大震災とか、そんな場合です。

しかし、今回は、安保法制の「手慣らし」みたいなやり方で、安倍首相の思惑で自衛隊は行かされる。一体、隊員のことをどう考えているのかと思う。

しかも、南スーダンの内戦が激化して戦闘に巻き込まれたら途中でやめられなくなりますよ。親だったら「生きて帰ってきてくれ」と、本当にいたたまれない気持ちだと思います。

稲田防衛大臣は現場に行ったというが、危ないところに行ったわけではありません。

「駆け付け警護」はただの警護ではなく、危ないから行くわけで、確実に銃を使う。自衛隊は道路建設など「後方支援だからリスクは低い」と言うが、補給や施設建設など弱い部隊が狙われるのが戦場です。

私は「愛国」という言葉が好きです。それはこの国を守るということで、自民党政権とつながっている右翼の「愛国」とは違う。

かつての戦争で多くの方が亡くなった。やっと戦争を終わらせて、国民は平和を求め、憲法9条ができた。戦死者の犠牲のうえにできたこの国で、また外国で戦争を始めたら亡くなった方に顔向けができません。国民を守るべき自衛隊員が外国で死ぬことはあってはならない。

公明党も平和の看板を下ろしました。このまま安倍政権が続けば、まだまだ危険な動きが加速しかねない。憲法があるのに、憲法がないような状態にしては絶対にいけないと思います。

⑫団《だん》野《の》克己《かつみ》さん(61)

元海上自衛隊2曹（佐賀、元佐賀県弁護士会会長）

帰国後の自衛隊員の人格崩壊が心配

私は高専（高等専門学校）を出て20歳で海上自衛隊に入り、技術職として約4年いました。

いまは弁護士をしていますが、自衛隊在職当時、隊内では憲法が重要だという意識はほとんどなかったと思います。当時、私は高専の同期生に「国家公務員が憲法違反をしてはいけない」と言われ、「なるほど」と、気がつきました。自分の体験を考え、今の隊員にも「憲法の枠を超えてはいけない」とぜひ伝えたいと思います。

自衛隊は日本が攻撃されたら命がけで守る。そこは尊い理念だと私は思います。しかし、今回の法案にある集団的自衛権の行使は違う。憲法解釈を変えて、アメリカの戦争に首を突っ込むことです。まさに憲法違反です。

私がいたころから自衛隊の装備は米軍・NATO（北大西洋条約機構）と共通化していて軍事的一体化は可能でした。その後、装備は着実に大型化している。そして装備は米軍と共通システム。機体、部品、整備、船の格好も日米はまったく同じです。いつでも部品の相互交換ができる。

私は技術屋で護衛艦などの装備を担当していましたから、訓練さえすれば、日米いっしょにたたかえることを知っています。航空機もP３Cやオスプレイなど共通だし、装備的には日米はもう一つの軍隊組織です。

今までは能力的には一体でも、憲法がそれを抑えていました。そのしばりをいま解き放とうとしているのです。以前は自衛隊にも戦争を経験した幹部がいて、私たちの前で「自衛隊は張り子の虎でいい」と公言していました。戦争せず、存在することに意味がある、と。いま戦争を知らない世代の幹部が暴走するのが怖い。日本共産党が国会で明らかにした自衛隊内部文書のような自衛隊幹部の暴走も、事実とすればそのひとつですね。

艦船は定期検査でドックに入り、そのたびに億単位の金がかかる金食い虫です。専守防衛の自衛隊が海外展開すれば、船も隊員ももっと増やし、海外の後方支援拠点が必要です。防衛費は急増します。

私はいま弁護士として社会保障問題に取り組んでいますが、社会保障こそ予算減でまさに〝存立危機事態〟です。それなのに、軍事にいっそうの予算を投じるのか。今は、国の将来を決めるとても大事な時だと思います。

南スーダンへのＰＫＯ派兵もとても心配しています。安保法を適用して「駆け付け警護」をやれば、戦闘状態に入る危険性が高くなるのは、誰もがわかる。

それが起こることをとても心配しています。戦地で攻撃され、命を落とすリスクだけではありません。私は、弁護士として、ＰＴＳＤ（心的外傷後ストレス障害）の問題を多く扱っていますが、帰国後の自衛隊員にもPTSDが多発することを懸念します。

ベトナム戦争、イラク戦争などで、米兵が帰国後にPTSDになりました。外観上は何も異常がないが、恐怖体験が残りフラッシュバックして、人格が崩壊する。当然、日本でも同じような例が出てきます。それにどう対応するのでしょうか。

また、海外での戦闘を繰り返すなかで、公然と軍隊として活動できるよう改憲につなげる流れがさらに大きくなることをとても心配しています。

70年のあいだ戦争をせず、実際の戦闘経験のある自衛官は一人もいない国だったのに、自衛官は「人を殺してもいいんだ」という発想になるのが怖いのです。

私たちは、戦争が害しか与えないことをもっと学ばないといけません。年配の方、戦争を知っている方、いろんな機会にどんどん語っていただきたいですね。

⑬泥《どろ》 憲和《のりかず》さん(62)

元陸上自衛隊3曹（兵庫）

物言えない
現役隊員のために

私は陸上自衛隊の地対空ミサイル部隊にいて、攻めてきた敵の戦闘機をたたき落とすことを任務としていました。日本が攻撃されたらという前提です。

ある教官は、「自衛隊を否定する人もいるが、そういう人もふくめて国民全体を守るのが自衛隊だ」と言っていました。私はこの言葉に共感していました。

しかし、今回の安保法制は、日本が攻撃されたときの対処ではなく、米軍を海外でどう助けるか、海外の戦場にどう自衛隊を送り込むか、を目的にした法律です。

安倍政権は、安保法制で日本の抑止力、安全が高まると言いますが、まったく逆です。米国と一蓮托生《いちれんたくしょう》で自衛隊が海外に出ていけば、必ず戦死者が出ます。日本もテロに巻き込まれます。

あの強大な軍隊を持つ米国がテロに苦しんでいるではないですか。安保法制は国民の利益になるどころか、リスクの方がはるかに大きいと思います。

私は今、各地で講演を頼まれていますが、「元自衛官」の肩書で話すと改憲論者や保守の方々も耳を傾けてくれます。先日も自衛隊協力会の会長さんが「自分は隊員たちの葬式を出したくないんだよ」と語っておられました。連合系労組にも呼ばれて話をさせてもらうこともあります。

街頭でも「元自衛隊員です」と名乗って話をすると、割合よく聞いてくれます。自民党支持者の人が〝あんたの話はようわかった〟と言ってくれました。

集団的自衛権行使に賛成という人と話すと誤解していることが多いです。〝中国が尖閣《せんかく》諸島に攻めてくるから〟というのですが、勘違いしてはいけません。これは日本の集団的自衛権行使の問題ではありません。領土攻撃への個別的自衛権で対応できます。

集団的自衛権は、他国のケンカにこっちから首を突っ込んで戦争すること。米国やその同盟国などの戦争に日本が参戦していくということです。米国が起こした戦争ってどうでしたか。ベトナム、アフガニスタン、イラク……。今はどれも間違った戦争だったことがはっきりしています。そんな戦争に自衛隊を参加させるなどとんでもない。

そして今回の南スーダンPKOへの派遣です。自衛隊員が「殺し殺される」危険が現実になってきました。

新任務の「駆け付け警護」は政府が英訳もできないあいまいな概念で、現場の自衛隊指揮官が生死をわける判断をせまられる。また、自衛隊が民衆にたいする警備行動のつもりであっても何者かから攻撃を受け、武器使用に至る危険もあります。「宿営地の共同防護」も問題です。7月には自衛隊駐屯地の隣のバングラデシュ軍に砲弾が撃ち込まれました。バングラ軍は撃ち返しましたが、こんな場合、自衛隊はどう対応するのか。同じ行動をするのか、しないのか。

そもそも停戦合意が崩れて、内戦状態の現在の南スーダンに派遣すること自体に無理がある。「安全が確保できなければ撤収する」というなら、いま撤収すべきです。

安倍政権の暴走で派遣される自衛隊員の胸中を思うと本当にやりきれません。私たちOBが声をあげないといけないと痛感します。

安倍首相を引きずりおろすためには、選挙で勝つしかありません。地方選挙でも国政選挙でも、野党が今より数を増やし、勝てるんだということを見せねばなりません。野党もやるじゃないか、となれば真ん中にいた人もついてきます。

そういう流れを起こすには現状では野党共闘しかありません。

党の綱領が違うから共闘できないという声もありますが、そんなことを言えば最初から共闘は成り立ちません。公明党と自民党だって綱領は全然違う。それでも連立を組んで猛威を振るっています。

いま安倍政権の暴走を前にのんきなことを言っている場合ではありません。いいスパイラルをつくるか、悪いスパイラルをつくるか。それはここ数ヵ月の野党共闘にかかっていると思います。それが自衛隊員の命を守っていくことにつながっていくのです。

⑭西川末則《すえのり》さん(64)

元海上自衛隊曹長(長崎)

隊員を
戦場に送れない

私は海上自衛隊に18歳で入隊して36年間、一度も実戦をすることなく平和に任務を終えることができました。これは戦争放棄の憲法9条があったればこそです。

私は入隊のときに宣誓したように、日本の国の一大事には命をはってたたかうつもりでした。制服で航海に出る時、妻には「一歩外に出たら帰ってくるものと思うな」と言っていたぐらいです。

しかし今度の安保法制は、歴代政府が憲法違反としてきた集団的自衛権を発動し、米軍と共にたたかう内容です。

米軍を守り、米軍の後方支援をして、米軍が攻撃されたら自衛隊が武力行使する。当然、相手は反撃してきますよ。負傷者、戦死者が出ることは間違いないでしょう。これは何としても阻止しなければならないと思います。

私は法案が審議されている2015年に、フェイスブックで、初めて法案阻止を呼びかけました。自衛隊OBなどから対応が追いつかないぐらいの反応がありました。この行動は、8月末の一般海曹候補生の修業式に招待され、後輩たちを見たときに決心しました。

彼らは頭もいいし、体力もある。われわれの入隊当時より数段優れている。「こういう若者を戦場に送るわけにはいかん」と思いました。

私は今の憲法9条があって、36年間、無事に任務を終えられた。自分はよかったけど、後輩たちは戦争に行かされる。そんなときに「あとは知らないよ」と、黙って見ておいていいのか。それは卑怯ではないか。後輩たちは声を上げられないから、自分が代わりに声を上げないとだめだと思ったんです。これはOBの責任です。

憲法9条があるからこそ70年間、日本は平和が保たれました。これを全世界の国が志向すれば世界は平和になるんですよ。

ところが、安倍首相はこの憲法の解釈を変えて、集団的自衛権を行使できるようにしました。180度進むべき道は違います。

もう自民党はだめ。共産党も含め、異常な政治をただそうという人たちが力を合わせましょう。

⑮橋本浩三《こうぞう》さん(33)

元陸上自衛隊1士（愛知、日本共産党一宮市議）

現場の隊員が言いたくても言えないことを言う

母子家庭で育った私は、二つも三つも仕事を掛け持ちする母を助けて早く自立したいと、19歳で自衛隊に入りました。入隊のさい、面接官から言われたことを今でも覚えています。「アフガンやイラクに行けるか」と。「大丈夫です」とこたえました。「家族の反対は」と聞かれ、それも「大丈夫」と。

内心は衝撃を受け、不安でした。しかし、早く職を得て、親を安心させたいという思いが強かったのです。小学生のときの阪神・淡路大震災で救援活動をする自衛隊にいい印象を持っていたことも入隊の理由でした。

しかし、入隊して実際に訓練をうけると、「怖い」と思いました。小銃を扱う訓練で300メートル先の的に実弾を撃ちます。この的の中に人影が書かれていて、それを狙う。私は狙っている段階から怖くなりました。「人を撃つ、人を殺す訓練なんだ」と。肩に当てて撃つとゴンとすごい衝撃がきます。

いまの自衛隊では私がいたときよりもっと厳しく言われています。ある学校の先生に「自衛隊をやめたい」という相談が寄せられたそうです。その理由を聞くと「『お前らは最前線に出かけることになる』と繰り返し強調して教育する」からだというのです。でも、多くの隊員は、人を撃つなんて実際にはできないと内心は思っている。それは、一緒に飲んだりしているとわかります。

銃訓練以外でも、いやなことはありました。サラ金から借金していないか個人の「信用情報」をすべて出せと言われたり、駐屯地に申し入れに来る共産党や平和団体などの車のナンバーをすべて記録し報告しろと言われたり。選挙になると上官に「自衛隊に反対するところに入れるのはいかがなものか」と言われ、みな「投票証明書」まで提出させられました。「反対勢力」がどこかわからない隊員もいましたけど。

私は個人のプライバシーや人権にまで踏み込んでくるのはとてもいやで、結局、19歳で自衛隊をやめました。

その後、フリーターなどをしていましたが、総選挙で共産党の街頭宣伝を聞いていたときに党員の人と話し合ったのが転機になりました。自分はフリーターで生活は苦しいけど、それは自己責任だけではない、政治の責任があると初めて聞きました。「なるほど」と思いましたね。残業代がちゃんと払われていない、有給休暇がない、とか、おかしなところがいっぱいあることも教えてもらいました。「共産党は、私たちの味方なんだ」と実感して入党したんです。

私も含めて自衛隊に経済的理由で入る人が多い。経済的徴兵制という言葉があるけど、生活に困って自衛隊に、というのはやはり違うと思います。

私はいまみんなに支えられて市議会議員をやっていますが、自衛隊員だったからこそ、現場の隊員が言いたくても言えないことをOBがいう責任があると思っています。実際に人を撃ったことがない隊員の不安な気持ちを私はよくわかります。

派兵した自衛隊員は一人も殺されてほしくないし、殺してほしくもない。南スーダンで1人目の犠牲者を出す前に現地への派兵をやめさせたい。戦争法を一刻も早く廃止させねばならないと強く思います。

来る総選挙で、安倍政権を支える自民・公明とその補完勢力に野党と市民の共闘で勝利すること、日本共産党を大きくすることが自衛隊員や家族を守る道だと思います。

日本共産党は憲法9条を生かした平和の外交を強力に進めることを提唱しています。現実に東南アジア諸国連合（ASEAN）が取り組んでいるような、対話による平和の枠組みを北東アジアでもつくろうということも提起しています。「憲法9条はいいけど自衛隊がないと不安」という気持ちはわかります。でも武器を使うのは最悪です。軍事ではなく外交に軸足を移し、「自衛隊の武力がなくても大丈夫」と国民が思えるところまで平和外交を本気で追求すること。それこそ日本政府の役割だと思います。

⑯長谷《はせ》正信《まさのぶ》さん⑺

元航空自衛隊1尉

（鳥取、元境港市議会議長）

国民に理解されずに、
派兵されて死ぬなんてまっぴら

私は大学を卒業して航空自衛隊に入り、15年間勤務しました。最初は三沢《みさわ》基地（青森県）で情報収集分析をやり、その後、美保《みほ》基地（鳥取県境港市）で、広報や基地対策を担当しました。自衛隊をやめてから9期36年、市議をつとめ、当時は自民党員でした。

そんな経歴ですが、私は、国是である〝自衛隊は専守防衛、海外に派兵してはいけない〟という固い信念を持ってきました。

自衛隊がひとたび海外で外国人と戦闘すれば、相手を殺し、隊員も死ぬ。際限のない殺し合いにはまり込むことは中東での戦争を見ればわかります。そんなことは今の憲法では禁止されています。

ところが、安倍首相は憲法を改正しないまま憲法の外堀を埋めました。米国からの圧力か知れませんが、憲法違反を承知で安保法制を数の力で押し切りました。先に違憲状態をつくったあとで、今度はそれに合わせて憲法を変えようとしている。国民はこんなやり方に惑わされたらいかん。これはヒトラーのやり方と一緒ですよ。

人のため、国のためにつくしたいと願う自衛隊員が、国民に理解もされずに派兵され、死んでいくようなことは大和民族の精神に反します。

後輩の隊員の気持ちを思うと慙愧《ざんき》にたえません。安倍首相のこんな闇討ちのようなやり方は私が知る自民党の保守政治ではありません。

そんな安倍政権に対抗する野党共闘を私は評価します。安倍首相は野合だと言うがとんでもない。主義主張は違っても国民の重大事で共闘するのは当然です。野党共闘や国民連合政府を提唱した日本共産党の志位（和夫）委員長は、百年後、坂本龍馬のように評価されると思いますよ。安倍首相は〝裏切り〟の明智光秀のようなものです。

下位の法律で上位の憲法を殺してはいけません。安保法制は廃止するしかありません。いま政治家に問われているのは、安保法制を廃止し、立憲主義を取り戻すことです。

⑰福島尚美《なおみ》さん⑶⑷

元陸上自衛隊士長

（佐賀、日本共産党唐津市議候補）

「自衛隊」と言えなくなる

私は陸上自衛隊の通信部隊に3年間いて、5年前にやめました。命令が絶対という組織の在り方に合わなかったからですが、それでも、入隊時の「服務の宣誓」は好きでした。最後に「もって国民の負託にこたえる」と書いています。国民の期待にこたえるという点では、確かに「災害救助」や「専守防衛」で国民の期待はあります。しかし、今回の安保法制の新任務は違います。

南スーダンPKOに派遣された自衛隊に「駆け付け警護」や「宿営地の共同防衛」という新任務が与えられました。

相手が撃ってくるなかで、駆け付けて警護するわけですから、こちらも撃つ前提でいくしかない。完全に戦闘です。これをやれば、まさに殺し殺される戦闘になる。敵と味方、戦闘員と非戦闘員の区別がつかない場合、すべて攻撃対象になります。自衛隊が殺す相手は戦闘員かどうかさえわからない。

今まで海外で中立の立場で人道支援をしている日本のNGO（非政府組織）なども、自衛隊が戦闘に介入すれば敵視されます。だから、JVC（日本ボランティアセンター）も、自衛隊の新任務は「やらないでほしい」と言っています。

現地の日本人や人道支援のNGO、さらに日本国内でのテロもありえます。フランスもアメリカも国内でテロが起きるのは海外で人を殺しているからでしょう。そうなれば、自衛隊は国民を守るより、かえって国民の危険を高める存在になってしまう。これはもう「自衛隊」とは呼べません。

私はこれまで無党派でしたが、安倍政権の安保法制は危険で、成立の過程も許せないと思い、市民運動に参加しました。そのなかで野党共闘を提案する日本共産党に関心を持ち、綱領も読みました。共産党だけでなく、自民党や民進党など他の党の綱領も読みました。共産党の綱領には、今の日本の情勢の歴史が分析されていて、野党共闘もちゃんと書いてある。決定したこととやっていることの矛盾がなく一貫していると感じました。私の思いと一致したから、この夏、共産党に入り、いま市議候補の活動をしています。

自衛隊は武力集団です。憲法9条の理想にそってなくせれば一番いい。でもそれは、外交努力をして国民が安心できるような状況をつくらなければ実現できません。私はまず、安保法制の危険から自衛隊員や一般国民の命を守りたい。そして、国民生活全体で憲法がめざすような国を実現したいと思っています。

⑱牧　正明《まさあき》さん⑹⑹

元陸上自衛隊准尉（兵庫）

後方と前線は一体として訓練

私は兵庫県姫路市の陸上自衛隊第3特科連隊第3大隊で定年退職しました。特科は大砲を撃つ部隊。昔の砲兵です。

在職時は第一線部隊に武器、弾薬、燃料、糧食などを補給する管理小隊長でした。後方部隊ですね。

「後方」というと付録みたいに思っている幹部もいるけど、ぼくらの隊がやられたら、前線の部隊は何もできません。軍事では国際的に兵站《へいたん》（ロジスティクス）と呼ばれます。兵站があるから部隊全体が成り立っている。私たちは、後方部隊と前線部隊は一体のものとして訓練してきました。

いま、安倍首相は米軍への「後方支援」と言い、前線と切り離していかにも後ろだから〝安全〟というように宣伝しています。とんでもないまやかしですよ。

そもそも燃料がなくなれば車両は動きません。いくら優秀な戦車や航空機も燃料がなければただの鉄くずですよ。

兵士も飯を食えなかったら戦争なんてできません。補給がなければ全体が死ぬ。ぼくもやってみて、その大事さがよくわかりました。目立たないけど補給こそもっとも大事です。大事だからこそ、敵に真っ先に狙われる、危険な活動なんです。

安保法制で国民に実態を偽り、自衛隊員にきわめて危険な任務を押し付けるのは許せません。自衛隊員も日本防衛ではなく、米国防衛で亡くなるのは悔しいでしょう。自衛隊はよそへ出て行って戦争する必要はありません。巨大地震などに備えた訓練を一生懸命やったほうがいいですよ。

⑲湯本知文《ともふみ》さん⑸⑻

元陸上自衛隊3曹（滋賀）

安倍首相の暴走は
「積極的参戦主義」

私は、千葉県習志野《ならしの》の陸上自衛隊第1空挺団に所属していました。部隊は、輸送機で目的地まで運ばれパラシュート降下し、隠密裏《おんみつり》に周辺の偵察から敵中枢を襲撃する機動訓練などをやってきました。

降下場所で攻撃されれば当然、戦闘になります。敵を殺傷したり捕虜にしたり、逆にそうされる場合もあり得ます。いつ攻撃されるかわからない戦場だという前提の訓練です。

今回の安保法制で、時の政権による判断で、自衛隊が海外の戦闘地域に派遣されることになります。しかし、自衛隊の最高指揮官である内閣総理大臣が直接現地に出向いて指揮することはあり得ません。戦場の変化に応じて、部隊をひきいる現場の判断が尊重されるでしょう。政府のコントロールが及ばない環境で、自衛隊が戦闘行為をおこなう危険性は極めて高くなると考えます。

もし、自衛隊に戦死者が出るような戦闘行為が海外でおこなわれたとすれば政府は何と言うか。「自衛隊を派遣（戦闘目的でない）したのであり、派兵（戦闘を目的）ではない。法的に違反していない」と言い切るでしょう。

私は、厳しい訓練で心身ともに錬成《れんせい》してきました。それは、専守の国家防衛の遂行だと、誇りを持ってきました。しかし、安保法制で自衛隊の存在は変化し、現場の隊員は飛躍的にプレッシャーを課せられるでしょう。

さらに安保法制の重要な問題の一つはＰＫＯです。私は国際的な海外での貢献は、中立の立場で果たすというのが本来の自衛隊の使命だと確信していました。

しかし今回の安保法制で「駆け付け警護」を可能にしたことで、指揮官の判断によっては歯止めがなくなり、先制攻撃の可能性は高まり、血で血を洗う戦闘になりかねないものになってしまいました。

安倍首相は「積極的平和主義」と言いますが、その実態は「積極的参戦主義」と言わざるを得ません。武力によって世界平和を構築することは絶対に不可能です。自衛隊は、他国で国民に一発の弾も撃つことはしてはならないのです。絶対に！

自衛隊の在り方を安倍政権の欺瞞《ぎまん》とレトリックで包み込んで大転換する暴走を、国民的大義でもって阻止しなくてはいけません。

共産党は立場を超えた野党共闘を推進し、「野党連合政権」の提唱や「北東アジア平和協力構想」の外交政策を打ち出しています。その柔軟な発想と実行力に期待します。

⑳吉田水哉《すいさい》さん⑼⓪

元陸上自衛隊2佐（熊本、住職）

戦場では「限定」ありえない

私は自衛隊発足時（1954年）に入隊した1期生で、50歳定年までつとめました。その私が安保法制に反対するのは、「専守防衛」という自衛隊のあり方が変えられてしまうからです。海外の戦争で後輩の隊員たちが血を流すことになります。

隊員は命令を素直に忠実に実行します。それだけに、政治に携わる人たちは責任の重さを自覚してほしいのです。首相は憲法9条の原則を自分の内閣の閣議決定だけで変えてしまう。そんな姿勢を見ていると、本当にいてもたってもいられません。

私の実家は寺で、門徒1000人のうち250人が戦死しました。父は戦時中、村長で戦地や満州開拓団に若者を送りました。それを反省し、寺の本堂に戦死された方の遺影を掲げ、今も当時のまま大切にしています（右ページの写真参照）。

戦後、今の憲法が出来上がった時は、こんなにも人間を大事にする世界があるのかと驚きました。二度と戦争で殺し合うことはさけるべきだと思いました。

私が自衛隊に入ったのはまだ若くて、「お国のために役立ちたい」という思いからでした。当時は、ほとんどの隊員が〝もう二度とあの戦争を繰り返してはならない〟という思いを共有していたと思います。

首相は、集団的自衛権を「限定的に行使」すると言いますが、本当に戦争を知っている人は「限定なんてあり得ない」とわかります。戦争の現場では何があるかわからない。いったん撃ち合いになれば殺すか殺されるか。「限定」などありません。米国に戦争参加を強く求められれば政府は反対できないでしょう。

いま問題になっている南スーダンＰＫＯへの自衛隊派遣では、首相は「駆け付け警護」の新任務を課しました。この任務を実行するには、本当に銃を撃つことになる。

しかし、首相は銃を人に向けて撃つ、人を殺すことの意味が本当にわかっているでしょうか。実際に銃を撃ち合うことが、日本の国の進路を大きく変える結果になると私は非常に懸念しています。国民に本当の事実を隠し、自分に都合のいいことばかり考えていたら国を誤らせます。これまでの世界の戦争も最初の一発から戦闘が広がりました。

一発の銃声がこれから先の日本を決めるという気持ちが安倍さんにあるのか。

私は、政治家が憲法を頭にしっかり入れていたら、どんなことがあっても外交が一番で、外交の力で粘り強く解決していく道をえらぶはずだ、と思います。

自衛隊は世界に類のない組織です。発足した時から専守防衛。決して外国が起こす戦争に参加せず、戦争の当事者になってはならない。私が地元の新聞（熊本日日新聞）のインタビューで「自衛隊は戦争当事者になるな」と話したら、昔の兵隊仲間や自衛隊時代の仲間からも「おれも同じ気持ちだ」という電話がありました。うれしかったですね。

家族の思い

富山正《まさ》樹《き》さん(53)　自衛官の父（福岡）

もう黙ってはいられない

駅前でのスタンディングアピール

２０１５年、安保法が衆院を通ったとき、このままでは自衛隊員の息子が戦地に送られる可能性があると思いました。

戦死したり、心を病んで帰ってくるかもしれない。何もせず、もしものことがあったら、自分で自分を許せない。いてもたってもいられず、妻も含め大反対されたけれど一人で行動を始めました。

最初はシールズのプラカードをプリントして掲げ、言葉を出さずに立ち続けました。人の目が気になって隠れるように立っていましたが、そのうち仲間ができ、何人かで並んで立ちました。参院の採決前には「もう黙っていられない」と１９８０円で買ったハンドマイクで訴え、参加者もどんどん増えました。

息子は専門学校卒業後、就職先が見つからず自衛隊に入りました。1任期（2年）を終え、2任期目に入る時も私は大反対しましたが、息子は「働き口のない現実の恐怖のほうが勝る」と言う。本人の意志を尊重するしかありませんでした。

衆院北海道5区補選の応援に行き、自衛隊官舎前で「災害派遣と専守防衛の誇りある自衛隊員でいてほしい」と訴えました。窓が二つ、そっと開いたのが忘れられません。

私は民意に訴えることでしか、息子を守る方法がありません。憲法を守れ、立憲主義を守れ、専守防衛の自衛隊の何が悪いのか――。当たり前の一致点で野党が共闘しています。共闘は国民の要請です。

この間、野党の人と話をしましたが、党略より国民的大義で手を結ぶ大切さをもっとも共有できるのが共産党だと実感しました。国民とともにあろうとする気持ちにひかれます。

駆け付け警護が強いる家族の痛み——青森ルポ

南スーダンPKOに派兵している自衛隊に「駆け付け警護」「宿営地共同防護」などの新任務を与える閣議決定（2016年11月15日）をした安倍内閣。安保法制（戦争法）の重大局面を迎えた11月、派遣される第11次隊の中心、陸上自衛隊第9師団がある青森では悲痛な声と怒りが渦巻いていました。

11月20日の第1陣出発を前にした青森市。ある料理屋の大広間で自衛隊員らが派遣隊員の壮行会を開いていました。激励された若い隊員がこう語りました。

「手足を失うことがないよう、半年後、必ず無事に帰ってきます。また皆さんといっしょに仕事がしたい」

戦闘で狙われるのは防弾ベストで守れない手足。被弾してすぐ止血し生命は助かっても、手足は瞬時に破壊される――。その不安が先の言葉になったのです。

安倍晋三首相や稲田朋美防衛相が、いくら「リスクを低減する」と宣伝しても、南スーダンはPKO派遣の前提となる「停戦合意」が崩れたまさに戦闘現場。どこで銃撃されるかわからない状況です。

隊員の家族もまた「戦場」の恐怖に苦悩しています。孫が今回派遣される女性が話します。

「駆け付け警護」の訓練で、暴徒が周辺にいる建物に取り残された国連関係者（左から３人目）を救出する陸上自衛隊員＝2016年10月24日午後、岩手県滝沢市

「あの子が人さ銃向けるなんて。戦争に行かせるとは恐ろしいことだな。安倍首相は何を考えてるんだべ」

兄が青森駐屯地にいるという女性は――。

「安倍さんの身内が自衛隊にいて派遣されたら『どういう気持ちか』と本当に聞きたい。自衛隊員が日本を守るのではなく外国の戦地で殺したり殺されたり……。それは絶対だめです」

息子が青森駐屯地の陸上自衛隊第9師団第5普通科連隊にいるという母親は、「息子が事前の海外派遣のアンケートで『行く』とは答えなかった」と話します。

「今回は行かなかったが、順番がきたら次は行くかもしれない。南スーダンでは7月に攻撃があったよね。すごく危機感がある。けが人、死人出ないで帰ってくる保証ある？うちの息子が外国人と殺すか殺されるかとなれば心の中、頭の中まともではなくなるよ」

この母親は安倍首相に怒りを向けます。

「首相は隊員の命をあまりに粗末にしている。隊員一人一人に家族、親戚いっぱいいるんだ。政府も国会も憲法にのっとって政治をやってほしい。早く安倍政権をかえねば、と一番思う」

政府が強調する「安全」を家族は信じていません。娘の夫とその子どもが自衛隊員という女性は「なんぼ『安全だ』と言われても、一発撃たれたら終わり」と話します。「日本が攻められたのなら分かるけど、わざわざ戦いに行くんだもの。そうなれば日本だって狙われないとは限らねえ。今回は行かなかったが、戦争しに行くための自衛隊なら『やめてけろ』と言っている。なんとか安保法を止めるよう共産党も頑張ってほしい」

別の母親は「息子は大学に行きたかったがお金がなくて行けなかった。今は自衛隊さ、やらねばよかったと後悔している」と語ります。「息子も現地に行けばいつ撃たれるかわからない。すごくおっかない。手当をもらっても命は売れないよ。安倍首相は国民のことなんか考えない。安全だと言うなら自分で行ってみればいい。早くやめてもらいたい」

また別の母親は「わが子を戦場に送り出したい親がどこにいるか」と悲痛な声で語りました。隊員の息子を女手一つで育て上げました。息子は「経済的に大学は無理」とあきらめ、親に知らせず入隊しました。それを知って息子に、「大学に行かせられなくてごめんね」と泣いてわびました。「その息子がいつ戦地に行くのかと思うだけでも気が狂いそうです。安倍首相や自民党は親の気持ちがわからないのか。そんなに戦争がしたいのか」と絞り出すような声で憤ります。

以前、イラク派遣に息子を送り出したというある母親は、ガッツポーズを見せ、目に涙を潤ませて出発したその姿が忘れられません。息子は帰国後、〝砲弾が何度も飛んできた〟

〝たまたま当たらなかっただけだ〟とつぶやきました。その息子は自衛隊をやめましたが、もう一人の息子も隊員です。「イラクのときは〝万が一〟を心配した。今度、息子が行けばもう戦争だ。人さまの童《わらし》さ、犠牲にする首相は絶対、許せねえ」

別の母親の息子も以前、南スーダンに派遣されたことがあります。

「当時は戦争に行くのではない、と納得して送り出した」と言いますが、今回は安保法が成立。〝駆け付け警護〟〝宿営地の共同防護〟などの言葉に心がざわつきます。

「今回は自分から攻撃できて武器使用が広く許される。これまでの派遣とは違うことは私でもわかります。息子が戦争に巻き込まれるのはいやです。また声がかかるかもしれない。とても不安です。憲法を変えることには反対です」

「人助けだ」「しっかりやれ」と子どもを自衛隊に送り出した親も、今は不安です。大学を出て仕事につかなかった息子がある日突然、〝自衛隊に行く〟と言いだし、入隊したという母親が語ります。

「災害で人さまの役に立つなら、あの子もピシッとするだろうと自衛隊に送り出した。それが戦争に行くなんて、聞いてない。安倍首相は人の命をなんだと思っている」

不安を胸の奥にしまいこんで耐えている親も多い。ある母親は「〝自衛隊さ行って給料もらっているのだから行くのが当たり前〟と言われるので本音は語れない」と話しました。

2011年に始まった南スーダンPKOへの自衛隊派兵。全国の陸上自衛隊が半年交代で担当します。他県でもある母親からこんな話を聞きました。

現地への出発直前、自衛隊員の息子がささやかな「母の日」のお祝いをしてくれました。その席で母親は、南スーダン行きをやめるよう説得しました。

「あんた一人ぐらい断っても……。いっそ自衛隊をやめれば」

息子は自分に言い聞かせるように「今まで給料をもらい生活してきた。逃げるわけにいかない」と答えました。「戦地ではない。大丈夫」とも話したといいます。

息子のいない間、眠れぬ夜を何度も過ごしたという母親。

「一睡もできずにいると、『夜が明けんのじゃないか』と思ってしまう」

半年後、息子は帰国。母親に自衛隊宿営地周辺の様子を「夜になると銃声が聞こえてきた」と、語りました。

別の母親は、南スーダンから帰国した息子からこんな話を聞きました。「生きているのか死んでいるのかわからない人があちこちに横たわっていた。誰も見向きもせず通り過ぎていく。もう行きたくない」

息子は8年前に「もしもの場合」に備え、遺書を書いていました。「いつ危険な所に行くかもしれないから」という書き出しで、「さようなら」と締められていました。掃除中に息子の机で見つけて、夫婦で泣きました。「これから行くとすれば本当の戦争です。もう絶対に行ってほしくない」と母親は話します。

青森県内のある隊員の父親が語りました。

「安倍首相は国会で多数というが安保法制には多くの国民は反対だ。アメリカに言われたからと安保法制をつくるのではなく、主権者である国民が納得する政治をやってほしい。このままでは独裁になる。野党が共闘してストップしてほしい」

（前田泰孝記者、「しんぶん赤旗」日曜版２０１６年10月30日号、同11月20日号）

おわりに

最後に本書についていくつかの留意点をのべておきます。

本書に収録した内容は、多くが「しんぶん赤旗」日曜版に掲載した記事をもとにしていますが、そのままではなく、あらたなインタビューをおこない、情勢変化に応じて付加した部分をかなりふくんでいます。どの方も収録を快く了承していただいたことにあらためて感謝いたします。

元自衛官が立場の違いを超えて、日本共産党機関紙である「しんぶん赤旗」のインタビューに実名で応じ、発言したのには理由があります。

もの言えぬ後輩の現役自衛官に代わって自分たちが安倍政権の暴走に歯止めをかけなければ、という強い思いがあることを本書から読みとっていただきたいと願っています。

もうひとつ、自明のことですが、元自衛官の方々は、日本共産党の地方議員や候補らを除けば、自衛隊について日本共産党と全面的に同じ見解であるわけではなく、それぞれの思いを話されています。

共通しているのは、これまで個別的自衛権による専守防衛と災害救助を任務としてきた自衛隊を、従来の憲法の枠を超えて海外で戦争できるように変える安倍政権への強い怒りであり、それをやめさせる政治を実現する決意です。

「海外で戦争する国」づくりを許すのかどうか――。これを焦点にして、いま憲法と自衛隊員の命を守るかつてない共同のたたかいが広がっています。

本書の目的も、まさにこの共同の力を大きく広げることにあります。

このたたかいを広げるためにも、ここで日本共産党の自衛隊についての基本的見解を紹介しておきます（詳しくは党ホームページをごらんください）。

党綱領は次のようにのべています。

「自衛隊については、海外派兵立法をやめ、軍縮の措置をとる。安保条約廃棄後のアジア情勢の新しい展開を踏まえつつ、国民の合意での憲法第9条の完全実施（自衛隊の解消）に向かっての前進をはかる」

ここで「憲法第9条の完全実施（自衛隊の解消）」と書いているのは、自衛隊が「陸海空軍その他の戦力は、これを保持しない」とする文言をふくむ9条に違反すると考えるからです。憲法学者の多くもこの意見です。憲法と現実のこの矛盾をどう解決するか。

日本共産党は世界史的にも先駆的な意義を持つ憲法9条の理想に向かって、現実を改革していくことこそ、政治の責任だと考えます。

現在の北東アジア情勢のなかで、「自衛隊がないと不安」と考える国民が多いのも事実です。

日本共産党は、日本をとりまく平和的環境が成熟し、国民の圧倒的多数が「もう自衛隊がなくても安心だ」という合意が成熟したところで初めて、憲法9条の完全実施に向けての本格的な措置に着手することを明確にしています。

これは憲法を守ることと国民の命を守ることの両方を真剣に追求する立場から提起した方針です。かなりの長期にわたるこの過程では、国民の命を守るための自衛隊の活動は当然、存続していくことになります。

また、当面の野党連合政権では、自衛隊や日米安保条約についての党独自の見解を政権合意に持ち込むことはありません。

いま、与党は、「戦争する国」づくりへの批判をさけるために、日本共産党がただちに自衛隊の解消をめざすかのようにゆがめて攻撃し、たたかいの分断を狙っています。しかし、日本共産党の見解は先に紹介したようなものであり、まったく的はずれです。

安倍政権の暴走ストップ。憲法と自衛隊員の命を守れ――。これこそ共同して取り組むべき焦眉の課題だと思います。

しんぶん赤旗日曜版編集部　松宮敏樹

元《もと》自《じ》衛官《えいかん》が本気《ほんき》で反対《はんたい》する理由《りゆう》——安保法反対《あんぽほうはんたい》20人《にん》の声《こえ》

2017年 1月20日 初 版

編 者 しんぶん赤旗日曜版編集部

発行者 田 所 稔

郵便番号 151-0051 東京都渋谷区千駄ヶ谷 4-25-6
発行所 株式会社 新日本出版社
電話 03（3423）8402（営業）
03（3423）9323（編集）
info@shinnihon-net.co.jp
www.shinnihon-net.co.jp
振替番号 00130-0-13681

印刷・製本 光陽メディア

落丁・乱丁がありましたらおとりかえいたします。

ISBN978-4-406-06124-7 C0036 Printed in Japan